Geert Pattyn

Master Florist

Geert Pattyn

Master Florist

Photography / Fotografie / Photographies:
Bart Van Leuven

stichting
kunstboek

Making a book gives you wings …

I've worked very intensely on this book for over a year. Making new creations for a book is a huge challenge every time. It demands a lot of energy. You are constantly on the look-out for new ideas, new challenges. The nature, the flowers and the plants are inspirational on their own. But also the world around you is a constant source of inspiration. Vases, dishes, new shapes … : they challenge you to make a composition that fits them to the bone. Design and architecture inspire you to try out new shapes and colour combinations.

While shooting the compositions, you sometimes come across limitations of your works or of the photography, which teaches you to look at your work from another perspective. At the same time making creations for a book is also a motive to innovate every time. It teaches you to discover new things and to shift your own boundaries. Ideas you have thought about for years, are finally taking shape. You find the right material for a specific design. Making a book gives you wings.

I'm already looking forward to the next photoshoot …

Geert Pattyn

Een boek maken geeft je vleugels …

Een jaar lang heb ik heel intens aan dit boek gewerkt. Creëren voor een boek is telkens opnieuw een enorme uitdaging. Het vergt heel veel energie. Je bent voortdurend op zoek naar nieuwe ideeën, naar nieuwe uitdagingen. De natuur, de bloemen en planten zelf zorgen voor inspiratie. Maar ook de wereld om je heen is een constante bron van inspiratie. Vazen, schalen, nieuwe vormen … : ze dagen je uit om een compositie te maken die perfect bij hen past. Design en architectuur inspireren je tot nieuwe vormen en kleurencombinaties.

Bij het fotograferen stuit je wel eens op beperkingen van je werk en van de fotografie, waardoor je leert je werk anders te bekijken. Tezelfdertijd is creëren voor een boek een drijfveer om steeds vernieuwend werk te maken. Het leert je nieuwe dingen te ontdekken en je eigen grenzen te verleggen. Ideeën waar je al jaren mee speelt, geef je vorm. Je vindt het juiste materiaal voor die specifieke creatie.
Een boek maken geeft je vleugels.

Ik mis de volgende fotosessie nu al …

Geert Pattyn

Faire un livre donne des ailes…

J'ai travaillé très intensément à ce livre pendant un an. Faire de nouvelles créations pour un livre constitue chaque fois à nouveau un énorme défi. Cela demande beaucoup d'énergie. L'on est constamment à la recherche de nouvelles idées, de nouveaux défis. La nature, les fleurs et les plantes sont une source d'inspiration en elles-mêmes. Mais le monde autour, lui aussi, inspire sans cesse. Les vases, les vasques, de nouvelles formes… : elles défient à la création d'une composition qui leur va à merveille. Le design et l'architecture inspirent à leur tour à essayer de nouvelles formes et combinaisons de couleurs.

En photographiant les compositions, on se heurte des fois aux limites de son œuvre et de la photographie, ce qui incite quelqu'un à considérer ses œuvres sous un autre angle. En même temps, la création dans le cadre d'un livre motive à faire des compositions de plus en plus innovantes. Elle apprend à découvrir de nouvelles choses et à repousser ses propres limites. On donne forme à des idées que l'on caresse depuis des années. On trouve le bon matériel pour cette création particulière…
Faire un livre donne des ailes.

Le prochain reportage photographique me manque déjà…

Geert Pattyn

Tillandsia xerographica clasped and wrapped around a Mobach vase

Tillandsia xerographica geklemd en gewikkeld rond een Mobach-vaas

Tillandsia xerographica coincé et enveloppé autour d'un vase Mobach

Vines of *Passiflora* and *Clematis* 'Perle d'Azur' are flowing from a black mosaic vase

8-9 | Uit een zwarte mozaïekvaas vloeien ranken van *Passiflora* en *Clematis* 'Perle d'Azur'

Des branches de *Passiflora* et de *Clematis* 'Perle d'Azur' sortent du vase de mosaïque noir

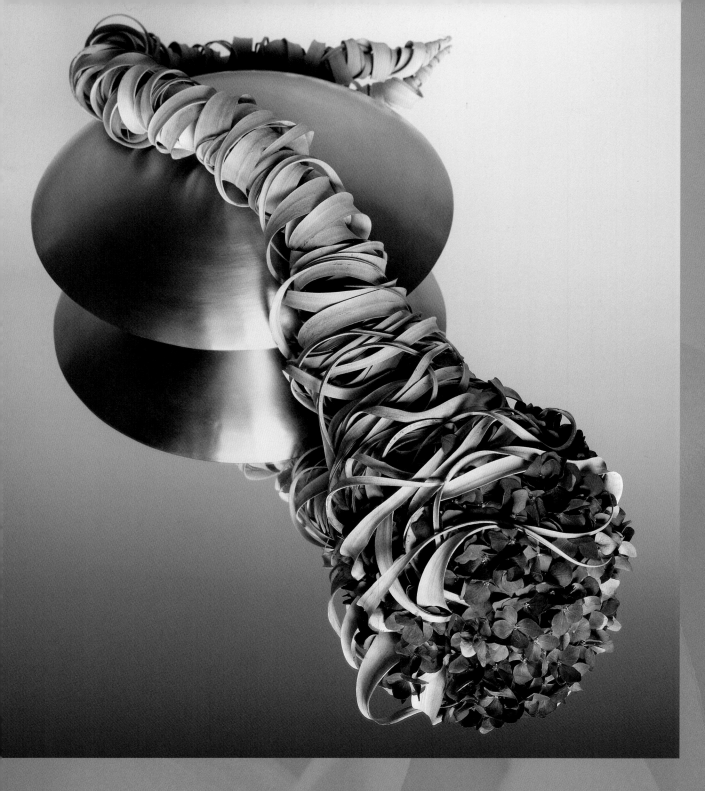

The horn of plenty: *Tillandsia xerographica* filled with blue hydrangea (*Hydrangea macrophylla*)

De hoorn des overvloeds: *Tillandsia xerographica* gevuld met blauwe hortensia (*Hydrangea macrophylla*)

La corne d'abondance: *Tillandsia xerographica* rempli d'hortensias bleus (*Hydrangea macrophylla*)

A piece of art made of red wire and red *Bromeliacaea*:
a unique Christmas decoration

Een kunstwerk van rode ijzerdraad en rode *Bromeliacaea*: een unieke kerstdecoratie

Œuvre d'art de fil de fer rouge et de *Bromeliacaea* rouge: une décoration de Noël unique

Under the red lacquered pear trees (*Pyrus Communis*)

Onder de roodgelakte perelaars (*Pyrus Communis*)

Sous les poiriers laqués en rouge (*Pyrus Communis*)

Prunus spinosa 'Purpurea' brings the coloured twigs to life

18-19   *Prunus spinosa* 'Purpurea' brengt de gekleurde wissen tot leven

Prunus spinosa 'Purpurea' ravive les brindilles colorées

A whirlpool of *Cornus alba* 'Sibirica'
Een draaikolk van *Cornus alba* 'Sibirica'
Tourbillon de *Cornus alba* 'Sibirica'

Rose petals brighten up the draughtboard pattern
20-21 Rozenblaadjes fleuren het dambordpatroon op
Des pétales de rose avivent le motif de damier

The overblown *Taraxacum officinale* are safely kept under a bell-glass.
If you can blow them out, you can make a wish ...
24-25 De uitgebloeide *Taraxacum officinale* worden veilig bewaard onder een heiligenstolp. Als je ze uitblaast, mag je een wens doen ...
Le *Taraxacum officinale* défleuri est à l'abri sous les cloches. On peut faire un vœu en les soufflant...

A room-divider of white pulp cane decorated with *Lilium*

Een kamerscherm van wit pitriet gedecoreerd met *Lilium*
Un paravent de rotin blanc décoré de *Lilium*

A winding table decoration: bent lead filled with white *Dicentra spectabilis*, *Aquilegia*, *Eustoma* and *Lathyrus odoratus*

28-29 Een slingerende tafeldecoratie: geplooid lood gevuld met witte *Dicentra spectabilis*, *Aquilegia*, *Eustoma* en *Lathyrus odoratus*
Décoration de table ondulante: plomb plié rempli de *Dicentra spectabilis*, *Aquilegia*, *Eustoma* et *Lathyrus odoratus*

The roots (the primal instinct of nature) for Geert's natural passion and an urge to create can be found directly in his garden. Quality for so many years ... that deserves a compliment!

> Menno Kroon

De wortels (het oerinstinct van de natuur) voor Geerts natuurlijke passie en drang om te creëren, komen voor mijn gevoel rechtstreeks uit zijn 'hof'. Al zoveel jaren kwaliteit leveren ... dat verdient een compliment!

Les racines (l'instinct primaire de la nature) de la passion naturelle de Geert et de son instinct à créer sont à chercher directement dans son jardin. Toutes ces années de qualité... cela mérite un compliment !

Geert Pattyn's floral work always has a very natural character. He clearly appreciates and respects his floral material. He often uses common flowers en leaves in his arrangements and gives them a fresh and new face. His floral designs are not characterized by an overload of flowers, a search for rarities or enormous amounts of labour, but by his fresh and innovating approach to our trade. Geert's creations are often simple, but always exciting because of a special use of colour, technique or combination of material. And that's exactly what I love most about his works!

> Florian Seyd

Geert Pattyns werk heeft altijd een erg natuurlijke uitstraling. Het is duidelijk dat hij zijn floraal materiaal waardeert en respecteert. Vaak gebruikt Geert eenvoudige bloemen of bladeren en geeft die in zijn compositie een verrassend nieuw gezicht. Zijn bloemwerk wordt niet gekenmerkt door enorme hoeveelheden bloemen, door het zoeken naar rariteiten of door talloze handwerksuren, maar door een frisse, vernieuwende kijk op ons vak. Geerts werk is vaak eenvoudig, maar door een speciaal kleureffect, techniek of combinatie van materialen krijgt het keer op keer een erg bijzondere uitstraling. En juist dat waardeer ik enorm aan zijn werken!

L'œuvre de Geert Pattyn a toujours un caractère très naturel. Il est clair qu'il apprécie et respecte son matériel floral. Geert utilise souvent des fleurs et des feuilles courantes, les dotant d'une nouvelle allure surprenante dans ses compositions. Son œuvre florale ne se caractérise pas par d'énormes quantités de fleurs, par la recherche de singularités ou par d'innombrables heures de travail manuel, mais bel et bien par un regard rafraîchissant et novateur sur notre métier. L'œuvre de Geert est souvent simple mais toujours extraordinaire par une nuance spéciale, une technique spécifique ou une combinaison de matériaux particulière !

An enormous basket with as many as 150 bouquets of tulips (*Tulipa*)

Een reusachtige mand met wel 150 boeketjes tulpen (*Tulipa*)

Un panier gigantesque contenant quelque 150 bouquets de tulipes (*Tulipa*)

A perfect circle: the stem ends where the flower begins. *Calla* 'Crystal Blush' in an Anna Torfs vase

Un cercle parfait: la tige finit là où la fleur commence. *Calla* 'Crystal Blush' dans un vase Anna Torfs

A graceful movement with mini *Cocos*

Le mini *Cocos* fait un mouvement gracieux

A vegetable vase made of rolled up pulp cane filled with *Typha* and *Ranunculus*

Opgerold pitriet gevuld met *Typha* en *Ranunculus* vormen een plantaardige vaas

Rotin enroulé rempli de *Typha* et de *Ranunculus* en guise de vase végétal

Skeleton leaf of *Populus* wrapped around a globe of pieces of *Cucurbita* peel.
An image of transience

Skeletblad van *Populus* rond een bol uit stukjes pel van *Cucurbita*. Een beeld van de vergankelijkheid

Feuille squelette de *Populus* entourant une boule de peau de *Cucurbita*. Image de fugacité

A self-created birch bud (*Betula alba*) about to burst open

42-43 Een zelf gecreëerde openspringende berkenknop (*Betula alba*)

Un bouton de bouleau éclatant (*Betula alba*)

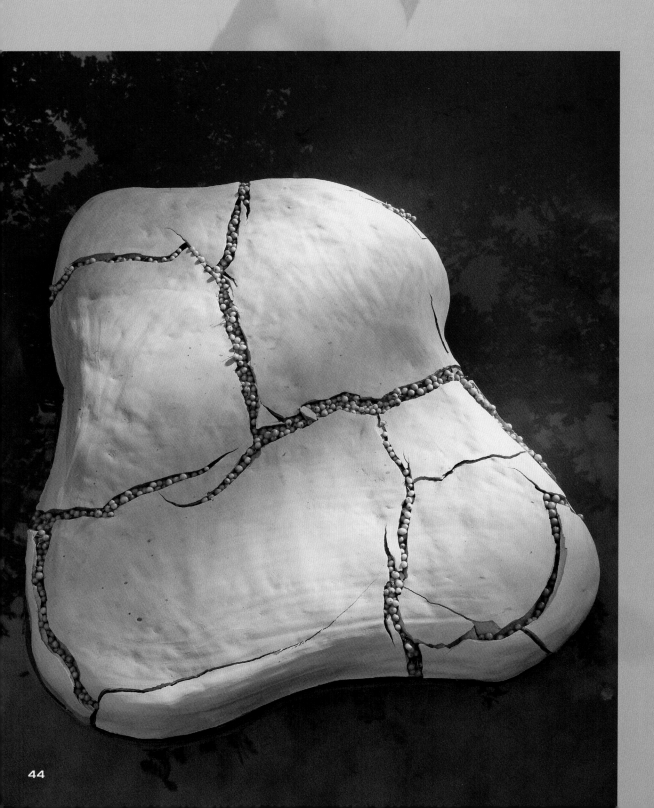

A floating clay island with *Sorbus* roads

Een drijvend klei-eiland met *Sorbus*-wegen

Ile flottante d'argile veinée de *Sorbus*

44

The mother-of-pearl disks and the satinflower (*Lunaria annua*) blend together with the ceramic vase of Fos

De parelmoerschijfjes en de judaspenning (*Lunaria annua*) versmelten met de keramiekvaas van Fos

Les rondelles de nacre et le monnaie-du-pape (*Lunaria annua*) se confondent avec le vase en céramique de Fos

In the incomplete circle of dried *Musa* leaves and white *Sorbus* berries all grasses point to the same point

48-49 In de onvolledige cirkel uit gedroogd *Musa*-blad en witte *Sorbus*-bessen wijzen alle grassen naar hetzelfde punt

Dans un cercle incomplet de feuilles de *Musa* et de baies de *Sorbus*, les graminées convergent

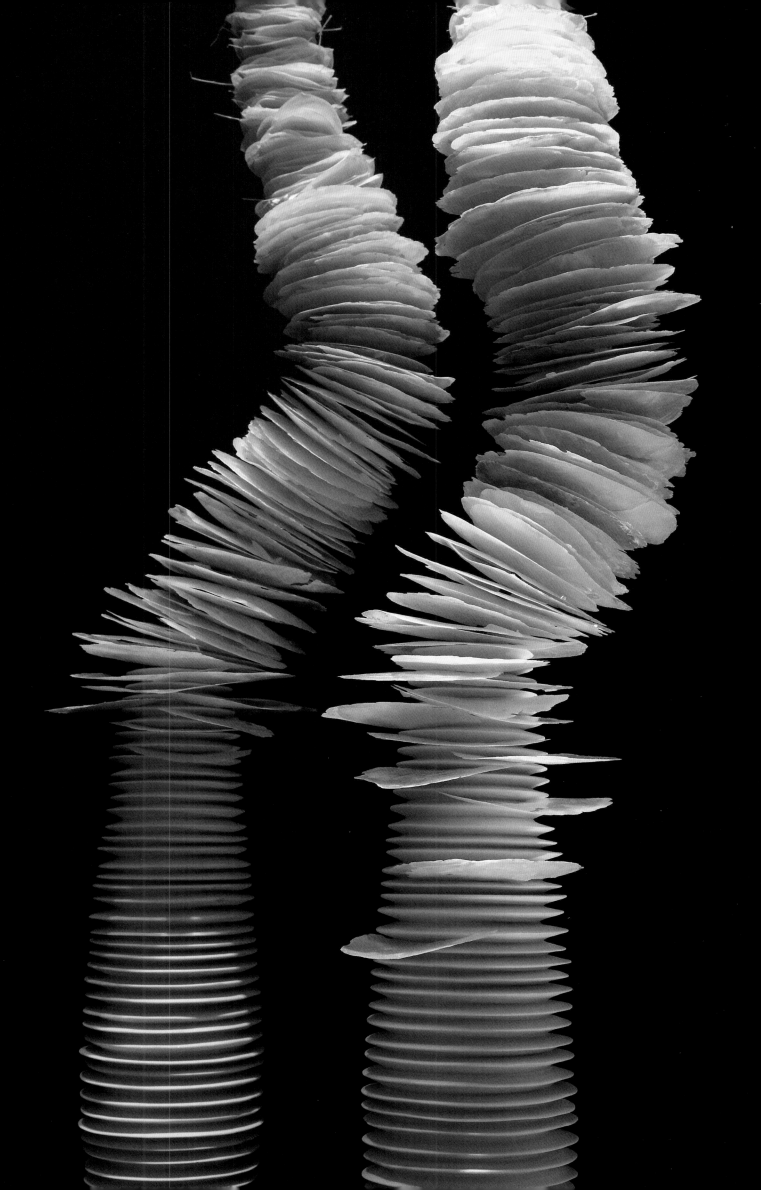

A birch wreath (*Betula*) filled with carnations (*Dianthus*)

Een berkenkrans (*Betula*) vol anjers (*Dianthus*)

Une couronne de bouleau (*Betula*) remplie d'œillets (*Dianthus*)

Fritillaria michailovskyi make a swaying motion around *Salix* branches: a Jugendstil fragment

An eternal outdoor decoration: a slate star overgrown with *Sempervivum*

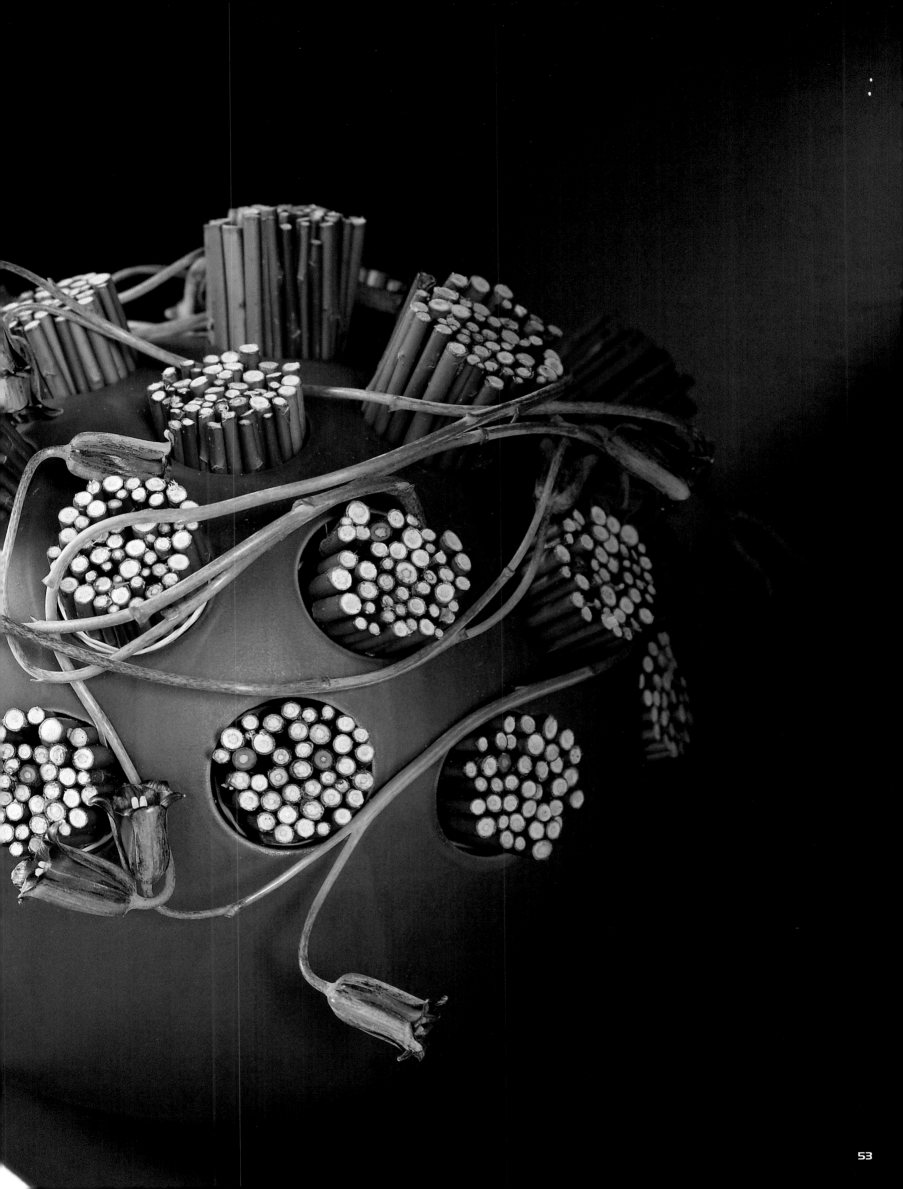

Clasped green *Cornus* makes the clay sphere burst

Geklemde groene *Cornus* doet de kleibol barsten
Le *Cornus* vert serré fait craqueler la boule d'argile

Sunken *Phalaenopsis* in colour harmony with *Xerophyllum tenax*

A fountain of bear grass (*Xerophyllum tenax*) with berries of *Mahonia x media* 'Charity' springs from a transparent Anna Torfs vase

A natural wall decoration made of bamboo branches (*Bambusa*) from thick to thin alternating with *Miscanthus* grasses

The quality of Geert Pattyn's works is evident: clear shapes, clean lines and attention to detail. One can only admire his unpretentious approach to flower arrangement. Because of his innovative use of contrasting materials, both botanical and non-botanical, rooms decorated with Geert's works bathe in an enchanting atmosphere. Geert's captivating works celebrate the beauty of nature through the eyes of an extraordinary artist.

> Sakul Intakul

Geerts florale creaties ademen kwaliteit uit: heldere vormen, strakke lijnen en een enorme aandacht voor de details. Je kan niet anders dan zijn rechttoe rechtaan aanpak bewonderen. Door zijn vernieuwend gebruik van contrasterende materialen, zowel plantaardig als niet-plantaardig, stralen de kamers die Geert aankleedt een betoverende sfeer uit. Geerts verleidelijke werken verheerlijken de schoonheid van de natuur, gezien door de ogen van een buitengewone kunstenaar.

Les créations florales de Geert respirent la qualité : formes claires, lignes strictes et un énorme souci du détail. On ne peut faire autrement que d'admirer son approche sincère. Par son utilisation innovante de matériaux contrastants, tant végétaux que non végétaux, les pièces décorées par Geert respirent une atmosphère enchanteresse. Les œuvres fascinantes de Geert exaltent la beauté de la nature, vue par les yeux d'un artiste extraordinaire.

Geert is a modern floral designer who sees the possibilities in simple and clean designs. He really brings out the best in flowers and presents them with great respect. I really like his way of blending contemporary design with a botanical expression that fits modern interiors.

> Per Benjamin

Geert is een hedendaagse floraal designer die de mogelijkheden ziet in eenvoudige en cleane ontwerpen. Hij weet altijd het beste uit bloemen te halen en doet dat met veel respect. Ik hou enorm van de manier waarop hij hedendaags design laat samensmelten met een botanische expressie die perfect past bij moderne interieurs.

Geert est un designer floral contemporain qui décèle les possibilités des créations simples et pures. Il parvient toujours à tirer le meilleur parti des fleurs et le fait avec beaucoup de respect. J'adore sa manière de mélanger le design contemporain à une expression botanique qui s'intègre parfaitement dans les intérieurs modernes.

A wintry landscape with bundles of linden branches (*Tilia europaea*) from Geert's garden

Een winters landschap met bundels lindetakken (*Tilia europaea*) uit Geerts tuin

Paysage d'hiver aux fagots de tilleul du jardin de Geert (*Tilia europaea*)

From a dice of *Aristea confusa* grass spring is budding with *Fritillaria meleagris*
Uit een dobbelsteen uit *Aristea confusa*-gras ontluikt de lente met *Fritillaria meleagris*
Dans un dé d'*Aristea confusa*, le printemps s'éveille avec *Fritillaria meleagris*

The snake made of folded *Elaeagnus pungens* leaves disappears under the leaves again: a camouflage technique?

De slang uit dubbelgevouwen *Elaeagnus pungens*-blaadjes verdwijnt weer onder de blaadjes: een camouflagetechniek?

Le serpent de feuilles *Elaeagnus pungens* pliées en deux se cache à nouveau sous les feuilles: une technique de camouflage?

White *Ornithogalum arabicum* flowers pop up from the dark branches
of *Cornus alba* 'Kesselringii'

Witte *Ornithogalum arabicum*-bloemen piepen uit de donkere takken van *Cornus alba* 'Kesselringii'

Des fleurs blanches d'*Ornithogalum arabicum* pointent le bout de leur nez entre les branches sombres du *Cornus alba* 'Kesselringii'

A graphic whole: the shape of Jos Devriendt's vase is mimicked in the floral composition.
Black *Cornus* branches create a vertical line and the vase shape in *Ophiopogon
planiscapus* 'Nigrescens' is filled with *Ornithogalum arabicum*

84 Een grafisch geheel: de vorm van de vaas van Jos Devriendt wordt hernomen in de florale compositie. Zwarte *Cornus*-takken zorgen voor
een verticale lijn en de vaasvorm gehuld in *Ophiopogon planiscapus* 'Nigrescens' is gevuld met *Ornithogalum arabicum*

Entité graphique: la forme du vase de Jos Devriendt est reprise dans la composition florale. Des branches de *Cornus* noires créent une
ligne verticale et la forme de vase enveloppée de *l'Ophiopogon planiscapus* 'Nigrescens' est remplie d'*Ornithogalum arabicum*

In the teardrop shaped pulp cane structure the white *Phalaenopsis* really stand out

85 In de druppelvormige pitrietstructuur schitteren witte *Phalaenopsis*

Dans la structure de rotin en forme de goutte, les *Phalaenopsis* blancs étincellent

Like lighting palm pillars … with pulp cane and *Anthurium Andreanum*

Als lichtende palmzuilen … met pitriet en *Anthurium Andreanum*

Comme des colonnes de palmier lumineuses… avec du rotin et *Anthurium andreanum*

Sweet peas in 'flower frogs': a combination from days gone by

88-89 Pronkerwtjes in 'pique-fleurs'-vaasjes: een combinatie van weleer

Pois de senteur en vases pique-fleurs: une composition d'antan

A pink flowery cloud for Mother's Day: *Paenonia* 'Sarah Bernhard',
Dicentra spectabilis, *Kolkiwitzia amabilis* and *Clematis montana* 'Rubens'

Een roze bloemenwolk voor moederdag: *Paeonia* 'Sarah Bernhard', *Dicentra spectabilis*, *Kolkwitzia amabilis* en *Clematis montana* 'Rubens'
Un nuage de fleurs roses pour la fête des mères: *Paeonia* 'Sarah Bernhard', *Dicentra spectabilis*, *Kolkwitzia amabilis* et
Clematis montana 'Rubens'

An ethereal bouquet with *Cotinus coggygria*, *Phalaenopsis* and wild grasses in a Mobach vase

Een etherisch boeket met *Cotinus coggygria*, *Phalaenopsis* en wilde grassen in een Mobach-vaas

Bouquet éthéré de *Cotinus coggygria*, *Phalaenopsis* et graminées sauvages dans un vase Mobach

Dreamy bouquet in pastel shades:
Viburnum opulus, Hydrangea macrophylla, Campanula, Eustoma
Dromerig boeket in pasteltinten: *Viburnum opulus, Hydrangea macrophylla, Campanula, Eustoma*
Un bouquet de rêve ton pastel: *Viburnum opulus, Hydrangea macrophylla, Campanula, Eustoma*

Geert's herbarium 1957-2007, a collection of souvenirs (*Viola*)

Geerts herbarium 1957-2007, een bundeling van souvenirs (*Viola*)

L'herbier de Geert 1957-2007, un recueil de pensées (*Viola*)

Mirrors, a mirror ball and mirror effects on a two-tone orange-pink pulp cane sphere

98-99 Spiegels, een spiegelbal en spiegeleffecten van een tweekleurige oranje-roze pitrietbol

Des miroirs, un miroir sphérique et les reflets d'une boule de rotin bicolore orange et rose

A noble sphere of *Rosa* 'Bordeaux' in an interplay of spheres
Een edele bol van *Rosa* 'Bordeaux' in een spel van bollen
Une boule précieuse de *Rosa* 'Bordeaux' parmi un jeu de boules

Beside the big pond, a miniature pond with *Iris pseudacorus*

Naast de grote vijver, een vijver in miniformaat met *Iris pseudacorus*

A côté du grand étang, un étang en miniature avec *Iris pseudacorus*

The *Anthurium* 'Julia' are dreamily swaying in the flax field

104-105 En dromerig wiegen de *Anthurium* 'Julia' in het vlasveld

Comme dans un rêve, les *Anthurium* 'Julia' se balancent dans le champ de lin

The designer in Geert Pattyn plays an important role in the global floristry. It's becoming increasingly important to incorporate interior design in the floral industry, and how better than through books. And Geert does that wonderfully: he's not only a skilful floral designer, but is also very accomplished in handling space. Looking at Geert's creations will give you an enormous amount of inspiration for decoration your home.

> Jouni Seppänen

De designer in Geert Pattyn speelt een belangrijke rol in de floristiek wereldwijd. Het wordt almaar belangrijker om interieurvormgeving te betrekken in de floristiek, en hoe kan je dat beter doen dan in bv. een boek. En dat doet Geert meesterlijk: naast zijn expertise als designer weet hij ook fantastisch om te gaan met ruimte. Als je naar Geerts werken kijkt, dan krijg je gegarandeerd fantastische ideeën voor je interieur.

Partout dans le monde, le designer en Geert Pattyn joue un rôle important dans l'art de la composition florale. Il devient de plus en plus important d'impliquer la décoration intérieure dans l'art de la composition florale, et quelle meilleure façon de le faire qu'avec un livre... Geert le fait avec maestria : en plus de son expertise en tant que designer, il gère l'espace avec un savoir-faire inégalable. Les œuvres de Geert inspireront plus d'un en matière de décoration intérieure !

I worked with Geert at Formafleur in 2005, and I must say that he is one of the most pleasant designers I have ever worked with. He's very clever in what he does and his excellent ideas put so well together with interior decoration are an inspiration to all of us. Geert is living proof that artists working with flowers can do anything; nothing is impossible as long as you have the right feeling for what you do.
It's a pleasure to see your special touch with flowers, Geert. I wish you all the best for the future!

> Kristin Voreland

Ik had het geluk om met Geert te kunnen werken op Formafleur (2005) en ik moet zeggen: hij is een van de aangenaamste florale kunstenaars waar ik ooit mee gewerkt heb. Hij weet perfect waar hij mee bezig is en de manier waarop hij zijn fantastische ideeën uitwerkt in perfecte harmonie met interieurs, is een inspiratie voor ons allen. Geert is er het levende bewijs van dat florale kunstenaars alles kunnen doen. Niets is onmogelijk zolang je maar het juiste gevoel hebt bij wat je doet.
Geert, het is altijd een plezier om jouw speciale touch met bloemen te bewonderen. Veel succes in de toekomst!

J'ai eu la chance de pouvoir travailler avec Geert à Formafleur (2005) et je dois dire qu'il est un des fleuristes les plus agréables avec lesquels j'ai jamais travaillé. Il sait parfaitement ce qu'il fait et la façon dont il développe ses idées fantastiques en harmonie avec les intérieurs est une source d'inspiration pour nous tous. Geert est la preuve vivante que les artistes floraux savent tout faire. Rien n'est impossible, tant que l'on est satisfait de ce que l'on fait.
Geert, ça me fait toujours plaisir d'admirer ce que tu sais faire avec les fleurs. Bonne chance à l'avenir !

Bent *Zantedeschia* stalks and beautiful white *Zantedeschia*, a floating object

Gebogen *Zantedeschia*-stelen en prachtig witte *Zantedeschia*'s, een drijvend object

Des tiges de *Zantedeschia* courbées et leurs magnifiques fleurs blanches, objet flottant

A floating rose wreath with a new yellow rose of Kordes (*Rosa* 'Good Times'), in harmony with the yellow iris (*Iris pseudacorus*)

110-113 Drijvende rozenkrans met een nieuwe gele roos van Kordes (*Rosa* 'Good Times'), in harmonie met het gele lis (*Iris pseudacorus*)

Couronne flottante de nouvelles roses jaunes de Kordes (*Rosa* 'Good Times'), en harmonie avec les iris des marais jaunes (*Iris pseudacorus*)

Buckets filled with *Helianthus* encourage the *Clivia* flowers to bloom

114-115 Emmertjes vol *Helianthus* zetten de *Clivia*'s aan tot bloei

Des seaux remplis de *Helianthus* incitent les *Clivias* à fleurir

An orange-red rose wreath adorns the red Domani table
Een oranjerode rozenkrans siert de rode Domani-tafel
Une couronne de roses orange-rouge orne la table Domani rouge

Seems to be a giant carnation carpet (*Dianthus*), an optical illusion?

118-121 Net een gigantisch anjertapijt (*Dianthus*), een optische illusie?

Comme un tapis d'œillets gigantesque (*Dianthus*), un trompe-l'œil?

Colourful stepping stones in the pond. *Zinnia elegans*, an annual from Geert's garden

Kleurrijke stapstenen in de vijver. *Zinnia elegans*, een eenjarige bloem uit Geerts tuin

Des carreaux de fleurs colorés avivent l'étang. *Zinnia elegans*, une plante annuelle du jardin de Geert.

Geert's signature in his floral work is unmistakable: elegant, personal and competent. A true master florist.
> Rob Plattel

Het handschrift van Geerts floristieke werk is onmiskenbaar: elegant, persoonlijk en vakkundig. Een ware meesterflorist.

La signature de Geert dans son œuvre florale est incontestable : élégante, personnelle et professionnelle. Il est un véritable maître fleuriste.

Time and again I'm astonished and marvelled by Geert's floral point of view. His creations always emit simplicity and strength, sometimes daring but never too far-fetched. He translates his passion for art forms of all kinds, and architecture in particular, in his floral work. Geert is a highly talented floral designer.
Unstoppable creativity flows through the heart and hands of this lovely friend and colleague.
> Moniek Vanden Berghe

Met verbazing en verwondering laat ik me altijd weer verrassen door Geerts floristieke invalshoek. Zijn creaties stralen steeds opnieuw eenvoud en kracht uit, gedurfd bij momenten, maar nooit te ver gezocht. Zelf geboeid door allerlei kunstvormen, vooral architectuur dan, weet hij deze passie als geen ander te vertalen in zijn floristiek werk. Geert is een uitzonderlijk getalenteerde plantaardig vormgever.
Ontstuitbare creativiteit stroomt door het hart en de handen van deze heerlijke vriend en collega.

Chaque fois à nouveau, l'approche de Geert m'étonne et me surprend. Ses créations font toujours preuve de simplicité et de force, elles sont parfois osées mais ne jamais forcées. Passionné lui-même par toutes sortes de genres artistiques, et particulièrement par l'architecture, il traduit cette passion dans son œuvre florale. Geert est un designer floral de grand talent.
Une créativité irrésistible coule dans le cœur et les mains de ce magnifique ami et collègue.

A glass vase with pink pulp cane branches, Mitsumata branches and
Vanda 'Blue magic' and 'Pink Magic'
Een glazen vaas vol roze pitriettakken, Mitsumata takken en *Vanda* 'Blue magic' en 'Pink Magic'
Un vase en verre rempli de tiges de rotin roses, branches de Mitsumata, *Vanda* 'Blue magic' et 'Pink Magic'

An *Aspidistra* vase filled with *Paeonia* 'Flame'

Een *Aspidistra*-vaas vol *Paeonia* 'Flame'

Un vase d'*Aspidistra* plein de *Paeonia* 'Flame'

A dark combination: a charcoal vase filled with *Zantedeschia* 'Schwarzwalder'

130-131 Een donkere combinatie: een steenkolen vaas gevuld met *Zantedeschia* 'Schwarzwalder'

Composition de couleurs foncées: vase de charbon rempli de *Zantedeschia* 'Schwarzwalder'

An exotic piece of art: a sphere of *Malus* fruits protected by the end leaves of the date palm (*Phoenix*)

Een exotisch kunstwerk: een bol van *Malus*-vruchtjes beschermd door de schutbladen van de dadelpalm (*Phoenix*)

Œuvre d'art exotique: une boule de fruits de *Malus* protégée par les bractées du dattier (*Phoenix*)

Like a setting sun, a circle of red wool, *Salix* branches and *Anthurium andreanum*

134-135 Als een ondergaande zon, een cirkel van rode wol, *Salix*-takken en *Anthurium andreanum*

Comme un soleil couchant, cercle de laine rouge, branches de *Salix* et *Anthurium andreanum*

Aquilegia flowers bring the birch branches in a festive mood
  Aquilegia-bloemen brengen de berkentakken in lentestemming
  Les fleurs d'Aquilegia donnent un air de printemps aux branches de bouleau

A Strelitzia bouquet in a Mobach dish
138-139 Een Strelitzia-boeket in een Mobachschaal
  Bouquet de Strelitzia dans une vasque Mobach

A waterfall of lilies (*Lilium*) and *Vanda* roots in the kiln
Een waterval van lelies (*Lilium*) en *Vanda*-wortels in de ast
Cascade de lis (*Lilium*) et de racines de *Vanda* dans la touraille

Thank you

I owe many people a big thank you; people who are close to me and whose presence I have started to take for granted. I sometimes forget to tell them just how important they are to me.

I would like to thank my family and my true friends. Just like great teachers they help to determine my path in life. My parents, partner, sister, family and fantastic co-workers are always ready to help me to realize my projects.

The language of flowers is a universal, amazing medium that has allowed me to meet interesting people and to discover new horizons. Customers have become friends and friends are customers. I've also found many close friends among my colleagues.

Thank you, Bart, for your amazing photography once again and the whole team at Stichting Kunstboek Publishers for the lovely cooperation.

My heartfelt thanks also go to the family Vandenbroecke of 'Floristencenter' for the beautiful materials and the years of friendship.

Thank as well to Hendrik of the company Willaert for the magnificent 'Kordes' roses.

Thanks to everyone who has contributed in any way to make this book unique.

Dankjewel

Mijn dankbaarheid gaat uit naar heel wat mensen. Mensen uit mijn directe omgeving, van wie ik het vanzelfsprekend vind dat ze er zijn. Vaak vergeet ik dan ook te zeggen hoe belangrijk ze wel voor me zijn.

Ik wil mijn familie en echte vrienden bedanken. Net als grote leermeesters helpen zij mijn levenswandel bepalen. Mijn ouders, partner, zus, familie en fantastische medewerkers staan bovendien altijd klaar om alles te helpen realiseren.

De bloementaal is een universeel, fantastisch medium dat mij toeliet om boeiende mensen te ontmoeten en nieuwe horizonten te verkennen. Klanten zijn vrienden geworden en vrienden zijn klant. Ook bij collega's heb ik veel hechte vrienden gevonden.

Dank je wel, Bart voor de alweer prachtige fotografie en het volledige team van Stichting Kunstboek voor de fijne samenwerking.

Mijn welgemeende dank gaat ook uit naar de familie Vandenbroecke van 'Floristencenter' voor de prachtige materialen en de jarenlange vriendschap.

Dank ook aan Hendrik van de firma Willaert voor de schitterende 'Kordes' rozen.

Dank aan iedereen die op een of andere manier een steentje heeft bijgedragen om van dit boek iets unieks te maken.

Merci

Je souhaite adresser mes remerciements à beaucoup de gens ; des personnes de mon entourage direct dont la présence est devenue une évidence. J'oublie souvent de dire à quel point ces gens sont importants pour moi.

J'aimerais remercier ma famille et mes vrais amis. Tout comme les grands maîtres, ils m'aident à déterminer mon chemin de vie. Mes parents, mon partenaire, ma sœur, ma famille et collaborateurs fantastiques sont toujours disposés à m'assister lors de la réalisation de mes projets.

Le langage des fleurs est un média universel et fantastique qui m'a permis de rencontrer des gens intéressants et de découvrir de nouveaux horizons. Les clients sont devenus mes amis et mes amis sont clients. J'ai également trouvé de très bons amis parmi mes collègues.

Merci à nouveau, Bart, pour la photographie magnifique et toute l'équipe de Stichting Kunstboek pour la collaboration agréable.

Je tiens également à remercier la famille Vandenbroecke du 'Floristencenter' pour les superbes matériaux et pour toutes ces années d'amitié.

Merci aussi à Hendrik de la firme Willaert pour les roses 'Kordes' splendides.

Merci à tous ceux qui, d'une manière ou d'une autre, ont apporté leur pierre à l'édifice pour rendre ce livre unique.

Geert and his team: Ruth, Melanie, Lode and Constantin

Creations / Creaties / Créations
Geert Pattyn
Stokstraat 8
B-8940 Geluwe
Tel. +32 56 51 20 05
geert.pattyn@skynet.be

Photography / Fotografie / Photographies
Bart Van Leuven
Tom Swijns (assistant / assistent / assistant)

Text / Tekst / Textes
An Theunynck

Final editing & translation / Eindredactie & vertaling / Rédaction finale & traduction
Femke De Lameillieure
Eva Joos

Layout / Lay-out / Mise en pages
Group Van Damme bvba, Oostkamp

Printed by / Druk / Imprimé par
Group Van Damme bvba, Oostkamp

Published by / Een uitgave van / Une édition de
Stichting Kunstboek bvba
Legeweg 165
B-8020 Oostkamp
Tel.: +32 50 46 19 10
Fax: +32 50 46 19 18
E-mail: info@stichtingkunstboek.com
www.stichtingkunstboek.com

ISBN 978-90-5856-225-8
D/2007/6407/16
NUR: 421